GENIOS DE LA CIENCIA

MARIE CURIE

EL CORAJE DE UNA CIENTÍFICA

TEXTOS VALERIA EDELSZTEIN
ILUSTRACIONES ÀFRICA FANLO

Vegueta Unicornio

Con la colección Unicornio, desde Vegueta queremos realizar nuestra particular aportación al proyecto universal más apasionante que existe, el de la educación infantil y juvenil. Como una varita mágica, la educación tiene el poder de iluminar sombras y hacer prevalecer la razón, los principios y la solidaridad, impulsando la prosperidad.

Genios de la Ciencia, la serie de biografías de científicos e inventores, pretende aproximar a los niños a aquellos grandes personajes cuyo estudio, disciplina y conocimiento han contribuido al desarrollo y a la calidad de vida de nuestra sociedad.

Guía de lectura:
¿Deseas saber más sobre Marie Curie y su época?

Q Encontrarás citas de Marie Curie.

Tendrás información más detallada.

Textos **Valeria Edelsztein**
Ilustraciones **Àfrica Fanlo**
Diseño **Sònia Estévez**
Maquetación **Laura Swing**

© Vegueta Ediciones
Roger de Llúria, 82, principal 1ª
08009 Barcelona
General Bravo, 26
35001 Las Palmas de Gran Canaria
www.veguetaediciones.com

ISBN: 978-84-17137-26-7
Depósito Legal: B 8974-2018
Impreso y encuadernado en España

¡HOLA!

Deja que me presente: soy un cuaderno de laboratorio. Mis páginas están repletas de cálculos y registros de experimentos, pero sobre todo de ideas maravillosas. Estoy guardado en la Biblioteca Nacional de Francia, dentro de una caja de plomo. Si quisieras verme, tendrías que pedir un permiso especial porque no soy un cuaderno cualquiera.

Pertenecí a Marie Curie-Skłodowska, una de las científicas más geniales de la historia y la primera persona en obtener dos Premios Nobel, uno en Física y otro en Química.

Sin embargo, Marie no fue solamente una científica excepcional, también fue muy valiente y generosa: durante la Primera Guerra Mundial recorrió miles de kilómetros instruyendo a técnicos de radiología para que pudieran ayudar a los soldados. La importancia de todas sus aportaciones a la sociedad es incalculable. ¿Estás listo para conocerla? ¡Allá vamos!

«Nada en la vida se debe temer, solo se debe comprender. Ahora es el momento de entender más para que podamos temer menos.»

La Polonia de finales del siglo XIX

Manya nació un 7 de noviembre en el barrio más antiguo de Varsovia. Por esa época, Polonia no era un país independiente, sino que estaba dividido y ocupado, en su mayor parte, por el Imperio ruso. Este había logrado imponer su gobierno, su lengua y sus costumbres. Tanto que, en las escuelas y universidades, estaba prohibido enseñar en polaco.

Nuestra historia comienza en el otoño de 1867 en Varsovia, la capital de Polonia. Allí, mientras en las callecitas el viento movía las hojas de los árboles y la gente se arrebujaba en sus abrigos por el frío, nació Marja Skłodowska, la más pequeña de cinco hermanos. Su padre, Vladyslav, era profesor de secundaria de física y matemáticas y su madre, Bronislava, era pianista, cantante y directora de un instituto de enseñanza para niñas.

Los diminutivos y apodos cariñosos eran habituales en la familia Skłodowska. Pero ninguno de los hermanos había recibido tantos apodos como Marja, que años más tarde se convertiría en Marie. Solían llamarla Manya, en diminutivo, o Manyusia, o Anciupecio, que quiere decir «algo bonito y pequeño».

—Mi Anciupecio, qué revuelto y rojo es tu cabello —le decía su mamá mientras intentaba en vano recogérselo en un moño—. ¿Por qué no vas al jardín a jugar con tus hermanas?

—Ahora voy, madre —respondía Manya y extendía sus brazos para rodearle el cuello.

Bronislava la rechazaba con gentileza mientras intentaba ocultar la tos que sacudía su frágil cuerpo. La tuberculosis era una enfermedad muy contagiosa.

Manya entonces corría a buscar a Zosia, su hermana mayor.

—Cuéntame un cuento —le pedía una y otra vez. Nadie contaba mejores historias que Zosia.

«La vida no es fácil para ninguno de nosotros. Pero ¿qué ocurre con eso? Debemos tener perseverancia y, sobre todo, confianza en nosotros mismos. Debemos creer que estamos dotados para algo y que tenemos que alcanzarlo.»

Cuando Manya tenía seis años, su padre fue despedido por orden de las autoridades rusas, que no veían con buenos ojos la lealtad que este sentía hacia su país de nacimiento.

Para afrontar los gastos, el profesor y su familia abrieron las puertas de su nuevo hogar a dos, tres… diez jóvenes a los que ofrecieron alojamiento, comida e instrucción a cambio de dinero. Uno de ellos contagió el tifus a Zosia y a Bronya, las hermanas de Manya. Bronya pudo recuperarse pero Zosia no resistió. Su muerte fue un golpe muy duro para Manya, que tenía solo ocho años.

Dos años más tarde volvería a sentir un dolor tanto o más intenso.

—¡No es justo! ¿Por qué ocurren estas desgracias? —le preguntó a su padre tras el entierro de su madre, que finalmente había fallecido a causa de la tuberculosis que arrastraba.

Pero el profesor no tenía respuestas y se limitó a acariciarle la cabeza mientras ella lloraba.

Para tratar de evadirse de la tristeza, Manya se refugió en los libros. Ahí fue donde encontró una manera de sobrellevar la tragedia.

«Durante toda mi vida, los paisajes de la naturaleza me hicieron regocijarme como una niña.»

Al terminar sus estudios, con quince años, Manya recibió una medalla de oro por sus excelentes calificaciones.

—Estoy muy orgulloso —le dijo su padre.

Estas palabras la reconfortaron, pero Manya no se encontraba bien. La tristeza y las exigencias de sus estudios estaban afectando a su salud. Vladyslav decidió enviarla a vivir al campo durante un año entero. Allí pudo recuperarse y descubrió su amor por la naturaleza, que la acompañaría toda su vida.

De regreso a Varsovia, Manya se enteró de que la situación económica de su padre era terrible: apenas ganaba suficiente dinero para pagar el alquiler. La pequeña de la casa decidió que tenía que hacer algo para colaborar con la economía familiar.

«Lecciones de aritmética, geometría, francés. Señorita con diploma. Módicos precios», decía el anuncio con el que consiguió sus primeros alumnos. Entre lección y lección, Manya fantaseaba con continuar sus estudios, pero en Polonia las mujeres tenían prohibido el acceso a la universidad.

—¡No podemos dejar que una absurda prohibición nos detenga, Bronya! —le decía a su hermana.

Y no las detuvo. Manya logró ser admitida junto con su hermana en la «Universidad Flotante»: una serie de reuniones secretas en las que se impartían lecciones de anatomía, historia natural y otras materias. Tenían que ser muy cuidadosas. Si la policía las descubría, les podrían imponer penas de cárcel.

El mayor deseo de Bronya era viajar a París para estudiar Medicina, pero su sueño parecía imposible: estudiar en el extranjero costaba demasiado dinero. Un día, Manya se acercó a su hermana con una propuesta que cambiaría sus vidas para siempre.

—Con lo que tienes ahorrado puedes pagar el viaje y los gastos de un año en la facultad. Pero si sigues así, jamás llegarás a reunir todo lo que necesitas. Lo he estado pensando y creo que tengo la solución. Hagamos un trato.

—¿Un trato? —preguntó Bronya, sorprendida.

—Viajarás en otoño a París. Vivirás de tus ahorros y yo me quedaré aquí trabajando para reunir más dinero y enviártelo. Dentro de cinco años te licenciarás en Medicina y será mi turno. Viajaré a París para estudiar y serás tú quien me ayude a mí.

Bronya abrazó a su hermana y, con lágrimas en los ojos, aceptó la oferta.

Tras la partida de Bronya, Manya comenzó a trabajar como institutriz. Además colaboraba como voluntaria enseñando a leer y escribir a los hijos de campesinos y obreros que vivían por la zona. Con la ayuda de una serie de viejos libros que encontró en bibliotecas, se pasaba horas intentando comprender las teorías matemáticas, las reacciones químicas y los principios físicos que explicaban el mundo.

○ «No puedes construir un mundo mejor sin mejorar la vida de las personas. Con ese fin, cada uno de nosotros debe trabajar para su propia mejora y, al mismo tiempo, compartir una responsabilidad general por toda la humanidad. Nuestro deber particular es ayudar a aquellos a quienes creemos que podemos ser más útiles.»

La Sorbona

Así se llama la histórica universidad de París, una de las más antiguas y prestigiosas del mundo. Fue fundada en el año 1257. Marie Skłodowska llegó a ella en 1891, con veinticuatro años de edad, y en tres años obtuvo dos licenciaturas, una en Física y otra en Matemáticas. Entre los 776 estudiantes de la Facultad de Ciencias, en enero de 1895 solo había veintisiete mujeres.

El silbato del tren anunció el momento de la partida. Manya abrazó a su padre y corrió a acurrucarse en uno de los incómodos asientos del vagón. Habían pasado seis años desde su primer trabajo como institutriz.

El tren arrancó. Manya sintió el chirrido de las ruedas contra las vías y sonrió. Después de mucho esfuerzo y privaciones, su sueño por fin estaba en marcha. Su hermana Bronya, a punto de convertirse en médica, la alojaría en París.

Varios días más tarde, Manya pisaba por primera vez la Sorbona. Ese otoño dejaría de ser Marja. En su tarjeta de registro para la Facultad de Ciencias había escrito con letra clara su nombre afrancesado: «Marie Skłodowska».

Los primeros años fueron duros. Meses después de su llegada, Marie decidió mudarse de la casa de Bronya a una pequeña buhardilla que alquiló. Necesitaba estar sola para concentrarse únicamente en el estudio.

Para ahorrar, iba a pie a todos lados. En invierno usaba la mínima cantidad posible de carbón para calentarse. Por las noches, encendía la lámpara de petróleo y estudiaba hasta que, vencida por la fatiga, se echaba sobre la cama sin siquiera cambiarse la ropa. A veces pasaba días a base de té, pan y manteca y se desmayaba a menudo por el hambre. Pero nada de eso la detuvo.

Enseguida le encargaron su primera investigación, pero en el laboratorio industrial del profesor Lippmann había muy poco espacio.

—Tengo una idea —le dijo Józef Kowalski, un profesor polaco amigo suyo—. Conozco a un científico muy destacado que podría tener una vacante. Su nombre es Pierre Curie.

Pierre y Marie sintieron una simpatía inmediata. Se hicieron muy amigos y, con el tiempo, se enamoraron. Él le propuso matrimonio pero ella no aceptó: quería regresar a Varsovia para luchar contra la ocupación rusa.

—¿Volverás? Prométemelo. Si te quedas en Polonia no podrás continuar tus estudios —le rogó Pierre antes de que Marie partiera a pasar el verano con su padre.

Decenas de cartas viajaron ese verano entre París y Varsovia. Pierre insistía en estar con Marie, estaba dispuesto a renunciar a la investigación para irse con ella a Polonia y enseñar francés para subsistir.

Finalmente, Marie regresó a Francia y, diez meses más tarde, se casó con Pierre en una sencilla ceremonia. Desde ese momento, el mundo la conocería como Marie Curie.

○ «No tengo vestido excepto el que uso todos los días. Si va a ser lo suficientemente amable como para regalarme uno, por favor, que sea práctico y oscuro, que pueda usar después para ir al laboratorio.»

Irène Joliot-Curie

Irène fue la hija mayor de Pierre y Marie. Trabajó muchos años junto a su madre y así conoció a su asistente personal, Frédéric Joliot, con quien se casó en 1926. Juntos, investigaron en el campo de la física nuclear y la estructura atómica. En 1934 consiguieron producir artificialmente elementos radiactivos. Un año después, por este descubrimiento, ambos fueron galardonados con el Premio Nobel de Química.

Recién casados, Pierre y Marie se mudaron a un piso diminuto. Sus únicos muebles eran la cama, una mesa de madera y dos sillas. Al año siguiente nació su primera hija, Irène. Y, a los pocos meses, Marie ya estaba de vuelta trabajando en el laboratorio, publicando sus primeros resultados científicos y buscando un nuevo tema de investigación.

Un año antes, el físico francés Henri Becquerel había descubierto que las sales de un metal llamado *uranio* emitían rayos de naturaleza desconocida. Era la primera vez que se observaba ese fenómeno.

—Es el tema ideal para mi doctorado —le aseguró Marie a Pierre y se enfrascó de lleno en sus experimentos.

Un día, Marie analizó un fragmento de un mineral llamado *pechblenda* y descubrió que era extremadamente radiactivo.

—¡Pierre, he descubierto un nuevo elemento y es más radiactivo que el uranio!

Pierre, entusiasmado, abandonó sus estudios sobre cristales y ayudó a Marie a fraccionar la pechblenda.

Radioelementos y radiactividad

Marie observó que la cantidad de radiación que emitían las sales de uranio era siempre proporcional al número de átomos de uranio presentes. Además, descubrió que otro metal pesado, el torio, tenía propiedades similares. Los llamó radioelementos y a la radiación emitida le puso el nombre de radiactividad.

En pocos meses lograron aislar una mínima cantidad de un polvo negro que era 400 veces más radiactivo que el uranio. Este polvo contenía el nuevo elemento.

—¿Podemos llamarlo polonio en honor a mi país? —preguntó Marie.

Pero el descubrimiento del polonio no era suficiente para explicar el nivel de radiactividad de la pechblenda. Decidieron continuar con el fraccionamiento. Medio año después habían conseguido otra traza, más radiactiva aún...

—¡Hemos descubierto otro elemento, Pierre! Pero para aislarlo tendremos que conseguir más pechblenda.

Marie logró que el Gobierno austríaco les cediera una tonelada de residuos de pechblenda que provenían de una mina. La mañana en que el enorme camión estacionó frente al laboratorio, corrió ansiosa hacia la parte trasera, tomó uno de los sacos, lo abrió y hundió sus manos en el mineral marrón.

Una noche, cuatro años y una tonelada de pechblenda más tarde, Marie tomó a Pierre de la mano y lo llevó al cobertizo.

—Lo conseguí, Pierre. Esto es cloruro de radio puro.

La radiactividad del radio resultó ser un millón de veces mayor que la del uranio.

○ «Habría que sentir menos curiosidad por las personas y más curiosidad por las ideas.»

⚗ Los Premios Nobel

Son los premios más valiosos para un científico. Se entregan todos los años desde 1901 y premian la labor de los hombres y mujeres que más han hecho por el desarrollo de la ciencia y las letras. Hay también un premio especial que se llama Premio Nobel de la Paz.

«La Universidad de París le concede el título de Doctora en Ciencias Físicas con la mención "muy honorable". Enhorabuena en nombre del jurado.» Con estas breves palabras del profesor Lippmann, Marie se convirtió en doctora tras cinco años de esfuerzo.

Nueve meses más tarde, la Real Academia Sueca de Ciencias anunciaba que el Premio Nobel de Física de 1903 correspondía a Henri Becquerel, Marie Curie y su marido Pierre por sus estudios sobre la radiactividad. Marie se convirtió en la primera mujer en recibirlo.

El premio fue un salto a la fama para los Curie. «La gente no nos deja trabajar. He decidido no atender a las visitas pero me molestan de todos modos», escribió Marie en una carta a su hermano.

A los contratiempos profesionales, Marie sumaba la tristeza por el escaso reconocimiento que tenía en Francia. Justo después de que obtuvieran el Premio Nobel, la universidad se dignó a darle un puesto de profesor de Física a Pierre.

—Al menos me permiten contratar a tres colaboradores: un jefe de laboratorio, un asistente y un ayudante —le dijo Pierre a Marie—. Tú serás la jefa.

Era la primera vez que Marie obtenía un cargo remunerado en el laboratorio. Pierre y Marie cambiaron de lugar de trabajo cuando faltaba tan solo un mes para el nacimiento de su segunda hija, Ève.

Ève Curie

Ève Curie nació en diciembre de 1904. Estudió Ciencias y Filosofía y fue concertista de piano. En 1937, escribió la biografía de su madre, que se convirtió en un *best seller* mundial. Trabajó como periodista y corresponsal durante la Segunda Guerra Mundial e hizo numerosas contribuciones a causas humanitarias. Vivió nada menos que ciento dos años.

—¿Pierre está muerto? ¿De verdad? ¿Muerto? —susurró Marie, incrédula.

La cara triste de su suegro, Eugène Curie, le confirmó la terrible noticia. Pierre había tenido un accidente. Mientras caminaba por la calle bajo una intensa lluvia, había sido golpeado por un coche de caballos y había caído bajo sus ruedas.

Ese día, una parte de Marie murió con él y ya nunca volvió a ser la misma. Se convirtió en una persona triste y solitaria. Después del funeral se aisló del mundo.

Cuando todavía no había transcurrido un mes, a Marie le asignaron una pensión vitalicia, pero ella la rechazó.

—Soy joven y puedo mantenerme a mí misma y a mis hijas.

Unos días después, el Departamento de Física de la Sorbona decidió concederle a Marie el puesto que había sido creado para Pierre.

«Me ofrecen ser tu sucesora, mi Pierre: tu curso y la dirección de tu laboratorio. He aceptado. A menudo decías que te hubiera gustado que diera clase en la Sorbona. Y me gustaría al menos hacer un esfuerzo para continuar tu trabajo», escribió en su diario.

Marie se convirtió en la primera mujer profesora en una universidad francesa.

○ «A veces tengo la absurda idea de que vas a volver. ¿No tuve ayer la absurda idea de que eras tú cuando oí cerrarse la puerta de la calle?»

🧪 **La primera profesora universitaria**

El 15 de noviembre de 1906, Marie Curie dio su primera clase en la Sorbona. Tres horas antes del comienzo, ya había una cola con cientos de personas esperando para poder tener sitio. Entre ellas, dos invitados especiales: su suegro, Eugène, y su hija Irène. Tras recibir una ovación, Marie comenzó su clase a la altura exacta a la que la había dejado Pierre.

El segundo Premio Nobel

Marie Curie recibió el Premio Nobel de Química en 1911 por «sus servicios en el avance de la Química con el descubrimiento del radio y el polonio, así como en la purificación del radio y sus compuestos».

Casi cinco años después de la muerte de Pierre, Marie se enamoró nuevamente. Nunca imaginó que podría volver a sentirse así hasta que Paul Langevin apareció en su vida. Pero había un problema: aunque estaba separado hacía años, Paul seguía legalmente casado. Cuando su esposa descubrió las cartas de amor que se escribía con Marie, se las hizo llegar a la prensa, que no dudó en acusar a la científica de traidora.

Los periódicos atacaron su reputación, destrozaron su imagen y llegaron a decir que debía abandonar Francia. Esta campaña de desprestigio fue aprovechada por el físico Édouard Branly, quien, por solo dos votos, ganó el puesto que sin duda le correspondía a ella en la Academia Francesa de Ciencias.

A los pocos meses informaban a Marie de que se le había concedido su segundo Premio Nobel, esta vez de Química. Preocupados por el escándalo suscitado en la prensa, los organizadores le sugirieron que no asistiera a la entrega. La respuesta que escribió Marie fue muy digna y contundente:

«Lo que me proponen sería un grave error por mi parte. El premio ha sido concedido por el descubrimiento del radio y el polonio. Creo que no hay relación alguna entre mi trabajo científico y los hechos de mi vida privada.»

En julio de 1914 el nuevo Instituto del Radio de París estaba listo para su inauguración. Marie se encargaría del laboratorio de radiactividad. Ese mismo mes estalló la Primera Guerra Mundial.

Los logros de Marie

Marie fue la primera mujer en ganar un Premio Nobel y en ser profesora en la Sorbona. Además fue la primera persona en obtener dos veces el Premio Nobel y la única en la historia, hasta hoy, en conseguirlo en dos categorías científicas diferentes (Química y Física).

La Primera Guerra Mundial

Esta contienda tuvo lugar entre julio de 1914 y noviembre de 1918. En ella se enfrentaron dos grandes bloques: las potencias centrales de la Triple Alianza (Imperio alemán y austrohúngaro) y los aliados (Francia, Inglaterra y Rusia).

Cuando vio que el ejército alemán avanzaba sobre Bélgica y Francia, Marie no dudó: debía colaborar. Después de todo, y pese al poco reconocimiento que le habían dado, Francia era su patria adoptiva.

Enseguida realizó un curso intensivo de radiología e instaló un aparato de rayos X en un camión Renault. Así creó la primera unidad móvil radiológica de la historia. Dos meses más tarde, ya había veinte coches bautizados como «los pequeños Curie» para asistir a los soldados en el frente de batalla. Marie se quedó con un vehículo: con él recorrió Francia, Bélgica y el norte de Italia, tomando radiografías de los soldados heridos y formando a técnicos radiólogos.

Al terminar la guerra, la alegría de Marie por el resurgimiento de Polonia como país se empañó con una triste realidad: el Instituto del Radio de París estaba completamente desactualizado.

—No tengo ni el dinero ni el instrumental necesario para continuar con mis investigaciones —le explicó en una entrevista a Missy Meloney, una famosa periodista norteamericana.

Para Missy esta situación era incomprensible, por eso organizó una gran campaña de recaudación de fondos.

○ «Estoy entre quienes piensan que en la ciencia hay una gran belleza. Un científico en su laboratorio no es solo un técnico: es también un niño situado ante fenómenos naturales que lo impresionan como un cuento de hadas.»

Durante los años siguientes, Marie asistió a congresos científicos y a homenajes. En cada oportunidad fue agasajada en extremo, muy a su pesar. Su recompensa, una vez cumplidos los compromisos protocolarios, era descubrir nuevos paisajes y maravillarse con la naturaleza.

—¡Estoy tan cansada!

—Una mujer de sesenta y cinco años no debería trabajar catorce horas al día —le decía cariñosamente su hija.

—No podría vivir sin ir al laboratorio.

Marie pasaba sus días en el Instituto del Radio de París, donde investigaba y dirigía a sus estudiantes.

En 1932, viajó a Polonia para inaugurar el Instituto del Radio de Varsovia. Recorrió las callecitas de la ciudad,

paseó por la orilla del río y recordó con ternura los paisajes de su infancia. Aquella sería su última visita a Polonia.

Pronto, al cansancio se le sumaron unas rachas de fiebre que no cedían y luego aparecieron los temblores, hasta que Marie ya no pudo levantarse de su cama.

A los sesenta y seis años, el 4 de julio de 1934, Marie Curie murió, sosteniendo la mano de su hija Ève. Dos días más tarde fue enterrada junto a Pierre.

Marie Curie-Skłodowska se enfrentó con honestidad a las injusticias y se sobrepuso con entereza y éxito a todas las dificultades. Su generosidad, su lucha y su pasión por la ciencia siguen siendo hoy una fuente de inspiración para quienes, como ella, creemos que hay en esa actividad una incomparable belleza.

La enfermedad de Marie Curie

Hasta hace unas décadas se creía que la exposición prolongada al radio había sido la causa de la enfermedad y muerte de Marie. Sin embargo, cuando su cuerpo fue trasladado para ser enterrado en el Panteón de París, en 1995, se observó que el nivel de radiación que emitía su ataúd no era tan elevado. La conclusión fue que su muerte se había debido, probablemente, a la sobreexposición a los rayos X durante la Primera Guerra Mundial.

Los Curie, una familia de genios de la ciencia.

¿Sabías que cinco miembros de la familia de Marie Curie llegaron a recibir un Premio Nobel? El árbol genealógico muestra como los hijos y nietos de Marie y Pierre Curie continuaron con su legado.

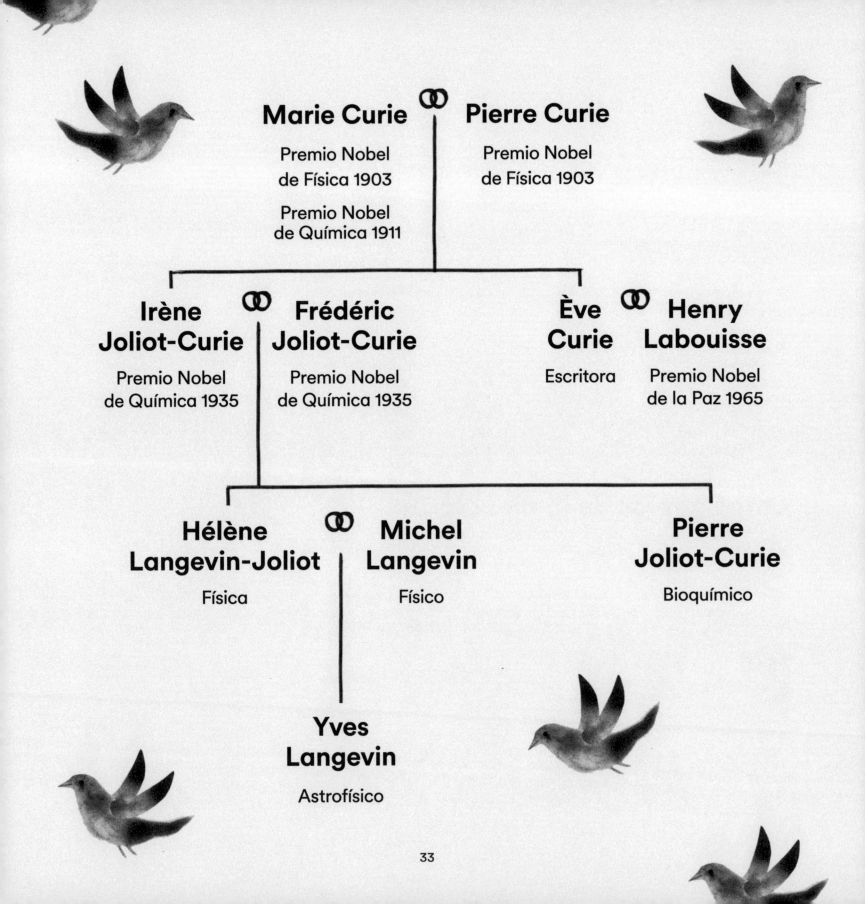

Marie Curie

Premio Nobel
de Física 1903

Premio Nobel
de Química 1911

Pierre Curie

Premio Nobel
de Física 1903

**Irène
Joliot-Curie**

Premio Nobel
de Química 1935

**Frédéric
Joliot-Curie**

Premio Nobel
de Química 1935

**Ève
Curie**

Escritora

**Henry
Labouisse**

Premio Nobel
de la Paz 1965

**Hélène
Langevin-Joliot**

Física

**Michel
Langevin**

Físico

**Pierre
Joliot-Curie**

Bioquímico

**Yves
Langevin**

Astrofísico

La protagonista

1867

Marie Curie-Skłodowska nace el 7 de noviembre en Varsovia. Es la más pequeña de cinco hermanos, de una familia culta, pero con dificultades económicas.

1891

Con veinticuatro años ingresa en la Facultad de Ciencias parisina. En el lapso de tres años obtiene dos licenciaturas, una en Física y otra en Matemáticas.

1895

Se casa con Pierre Curie, científico a quien conoce en el laboratorio y junto al que lleva a cabo algunas de sus más importantes investigaciones. El matrimonio tendrá dos hijas: Irène y Ève.

1903

Marie presenta su trabajo sobre radiactividad como tesis doctoral y gana el Premio Nobel de Física, convirtiéndose en la primera mujer en conseguirlo.

Otros genios de la ciencia

355—415

Hipatia
La gran maestra de Alejandría

1643—1727

Isaac Newton
El poder de la gravedad

1815—1852

Ada Lovelace
La primera programadora de la historia

1856—1943

Nikola Tesla
El mago de la electricidad

1906

Pierre Curie muere atropellado por un coche de caballos. La Sorbona le ofrece a Marie el puesto que había sido creado para su marido.

1911

Marie recibe su segundo Premio Nobel, esta vez de Química, por el descubrimiento del polonio y del radio, después de que, solo unos meses antes, la Academia Francesa de Ciencias le negara el ingreso.

1914

Al estallar la Primera Guerra Mundial, Marie crea las primeras unidades móviles radiológicas de la historia, para atender a los soldados heridos en el frente.

1934

Marie Curie muere a causa de una anemia aplásica. Es enterrada junto a Pierre en el cementerio de Sceaux, pero desde 1995 sus restos descansan en el Panteón de París.

1867—1934

Marie Curie
El coraje de una científica

1878—1968

Lise Meitner
La física que inició la era atómica

1910—1997

Jacques Cousteau
El descubridor de los mares

1934

Jane Goodall
La mejor amiga de los chimpancés